W0287635

Mitten
in der Welt

Die Advents- und Weihnachtszeit mit

Papst Franziskus

Herausgegeben von Stefan von Kempis

camino.

Wie Sie diesen immerwährenden Adventsbegleiter nutzen können

Liebe Leserin, lieber Leser,
Sie halten einen »immerwährenden« Adventskalender mit Worten von Papst Franziskus in der Hand. »Immerwährend«, das bedeutet: Egal, an welchem Kalendertag der Advent im laufenden Jahr beginnt, Sie können diesen Kalender immer verwenden. Der früheste Termin für den 1. Advent ist der 27. November, der späteste der 3. Dezember. Der Begleiter reicht bis zum 1. Sonntag nach Epiphanias, das ist spätestens der 13. Januar. In manchen Jahren ist die Advents- und Weihnachtszeit eher kurz, zum Beispiel, wenn der 4. Advent mit dem Heiligen Abend zusammenfällt, in anderen Jahren fast eine Woche länger.
Diesem Adventsbegleiter ist ein Lesebändchen beigefügt. Legen Sie es einfach da ein, wo der Advent im jeweiligen Jahr beginnt: Sie finden das Datum rechts oben auf der Seite. Selbstverständlich kann man aber auch einfach alle Texte lesen!
Wir wünschen Ihnen eine gesegnete Advents- und Weihnachtszeit mit den Worten von Papst Franziskus!

Ihr Verlag Katholisches Bibelwerk

EINLADUNG: GOTT HEISST WIE ICH

Weihnachten: Gott wird Mensch. »Alles wird anders«, sagt Papst Franziskus (Christmette 2015). Das Göttliche und Menschliche gehen eine Verbindung miteinander ein, kaum zu begreifen ist das für uns Menschen, und doch liegt viel daran, dass wir uns das so konkret vorstellen wie möglich. »Inkarnation« übersetzt dieser Papst aus Lateinamerika nicht einfach mit »Menschwerdung«, sondern mit »Fleischwerdung«: Gott wird Fleisch. Haut. Knochen. Von diesem Moment der Geschichte an ist Jesus nicht mehr nur »wesensgleich mit dem Vater, Gott«, so predigt Franziskus, sondern »er ist auch wesensgleich mit der Mutter, einer Frau« (Frühmesse, 17.12.13). Das adelt unser armes Fleisch, der Funke des Göttlichen ist übergesprungen in die *conditio humana.* »Gott macht mit uns Geschichte. Mehr noch als das. Wenn Gott ausdrücken will, wer er ist, dann sagt er: Ich bin der Gott Abrahams, Isaaks und Jakobs.« Das heißt: Er gibt sich unseren Namen.

Wort des Herausgebers

»Wie lautet Gottes Nachname?«, fragt Franziskus rhetorisch. Und er antwortet gleich selbst: »Wir sind es, ein jeder von uns. Er nimmt unseren Namen, um ihn zu seinem Nachnamen zu machen.« Das lässt sich weiterdrehen, von den Patriarchen der Frühzeit bis zu uns Heutigen. »Ich bin der Gott Abrahams, Isaaks, Jakobs, derjenige Pedros, Mariettas, Marisas, Simons, der Gott aller Menschen.« Gott hat – und das ist für den Papst der tiefe Sinn von Weihnachten – zugelassen, »dass wir seine Geschichte schreiben«. Und jetzt sollen auch wir zulassen, dass er umgekehrt unsere Geschichte schreibt.

Das ist es, was der Jesuitenpapst jedem von uns wünscht, jetzt in der Weihnachtszeit und überhaupt im Leben: »Dass der Herr dir deine Geschichte schreiben möge. Und dass du zulässt, dass er sie schreibt.« (Frühmesse, 17.12.13) Gehen wir mit diesen Worten im Hinterkopf auf die Weihnachtsgeschichte zu …

Stefan von Kempis

IMPULS ZU BEGINN: DIE FÜLLE DER ZEIT

»Als aber die Zeit erfüllt war, sandte Gott seinen Sohn, geboren von einer Frau« (Gal 4,4). Was bedeutet das, dass Jesus geboren wurde, »als die Zeit erfüllt war«? Wenn wir unseren Blick auf den geschichtlichen Moment richten, können wir gleich enttäuscht sein. Rom herrschte mit seiner militärischen Macht über einen großen Teil der damals bekannten Welt. Kaiser Augustus war an die Macht gekommen, nachdem er fünf Bürgerkriege geführt hatte. Auch Israel war vom Römischen Reich erobert worden, und das erwählte Volk war seiner Freiheit beraubt. Für die Zeitgenossen Jesu war das also sicher nicht die beste Zeit. Demnach ist es nicht der geopolitische Bereich, auf den man schauen muss, um den Höhepunkt der Zeit zu bestimmen.

So bedarf es einer anderen Interpretation, welche die Fülle von Gott her versteht. Zu dem Zeitpunkt, an dem Gott festlegt, dass der Moment gekommen ist, seine Verheißung zu erfüllen, verwirklicht sich für die Menschheit die Fülle der Zeit. Daher entscheidet nicht etwa die Geschichte über die Geburt Christi; es ist vielmehr sein Kommen in die Welt, das der Geschichte erlaubt, zu ihrer Fülle zu gelangen. Das ist der Grund, warum mit der Geburt des Gottessohnes eine neue Zeitrechnung beginnt, jene, die die Erfüllung der alten Verheißung sieht. Wie der Autor des Hebräerbriefes schreibt: »Viele Male und auf vielerlei Weise hat Gott einst zu den Vätern gesprochen durch die Propheten; in dieser Endzeit aber hat er zu uns gesprochen durch den Sohn, den er zum Erben des Alls eingesetzt und durch den er auch die Welt erschaffen hat; er ist der Abglanz seiner Herrlichkeit und das Abbild seines Wesens; er trägt das All durch sein machtvolles Wort« (1,1–3). Die Fülle der Zeit ist also die persönliche Gegenwart Gottes in unserer Geschichte. Jetzt können wir seine Herrlichkeit sehen, die in der Armut eines Stalles erstrahlt, und von seinem Wort, das in Gestalt eines Kindes »klein« geworden ist, Ermutigung und Halt erfahren. Dank ihm kann unsere Zeit zu ihrer Fülle finden. Auch unsere persönliche Zeit findet zu ihrer Fülle in der Begegnung mit Christus, dem menschgewordenen Gott.

27. November

DIE SCHÖNHEIT, AUF DEM WEG ZU SEIN

Am ersten Adventssonntag beginnt ein neues Kirchenjahr, das heißt ein neuer Weg des Gottesvolkes mit Jesus Christus, unserem Hirten, der uns in der Geschichte zur Erfüllung des Reiches Gottes führt. Deshalb strahlt dieser Tag eine besondere Faszination aus, er lässt uns tief den Sinn der Geschichte empfinden. Wir entdecken neu die Schönheit, alle auf dem Weg zu sein: die Kirche mit ihrer Berufung und Sendung und die ganze Menschheit, die Völker, die Zivilisationen, die Kulturen, alle sind unterwegs auf den Pfaden der Zeit. Doch unterwegs wohin? Gibt es ein gemeinsames Ziel? Der Herr ... führt uns, und gleichzeitig ist er das Ziel unserer Pilgerschaft, der Pilgerschaft des ganzen Volkes Gottes ...

28. November

ER ENTTÄUSCHT NICHT

Die Zeit des Advents, die wir jetzt wieder beginnen, gibt uns den Horizont der Hoffnung zurück, einer Hoffnung, die nicht enttäuscht, weil sie auf das Wort Gottes gegründet ist. Eine Hoffnung, die nicht enttäuscht, einfach, weil der Herr nie enttäuscht! Er ist treu! Er enttäuscht nicht! Wir denken an diese Schönheit und spüren sie.

WANN BEGEGNE ICH JESUS?

Das Wichtigste, was einem Menschen geschehen kann, ist, Jesus zu begegnen: diese Begegnung mit Jesus, der uns liebt, der uns gerettet hat, der sein Leben für uns hingegeben hat. Jesus begegnen. Und wir sind auf dem Weg, um Jesus zu begegnen. Wir können uns die Frage stellen: Aber wann begegne ich Jesus? Erst am Ende? Nein, nein! Wir begegnen ihm jedem Tag. Aber wie das? Im Gebet, wenn du betest, begegnest du Jesus. Wenn du die Kommunion empfängst, begegnest du Jesus. In den Sakramenten: Wenn du dein Kind taufen lässt, begegnest du Jesus, findest du Jesus.

30. November

SEIN BLICK DER LIEBE RUHT AUF JEDEM VON UNS

Das Evangelium des heiligen Lukas stellt uns Maria vor Augen, ein Mädchen aus Nazaret, einer kleinen Ortschaft Galiläas am Rand des Römischen Reichs und auch am Rand Israels. Ein Dorf. Und dennoch: Auf sie, auf jenes Mädchen jenes fernen Dorfes, auf ihr ruhte der Blick des Herrn, der sie auserwählt hat, die Mutter seines Sohnes zu sein ... Das Geheimnis dieses Mädchens aus Nazaret, das im Herzen Gottes ist, ist uns nicht fremd. Es ist nicht so, dass sie dort und wir hier wären. Nein, wir sind verbunden. Gott nämlich richtet seinen Blick der Liebe auf jeden Mann und jede Frau! Mit Vornamen und Nachnamen. Sein Blick der Liebe ruht auf einem jeden von uns.

TRÖSTET MEIN VOLK

Lassen wir es zu, dass in dieser Zeit des Advents die Aufforderung Jesajas – »Tröstet, tröstet mein Volk« – in unserem Herzen erklingt. Heute brauchen wir Menschen, die Zeugen des Erbarmens und der Zärtlichkeit des Herrn sind, der die Niedergeschlagenen aufrüttelt, die Entmutigten neu beseelt, das Feuer der Hoffnung entfacht. Er entfacht das Feuer der Hoffnung! Nicht wir. Viele Situationen erfordern unser tröstendes Zeugnis. Freudige, getröstete Menschen sein. Ich denke an all jene, die von Leid, Ungerechtigkeiten und Schikanen unterdrückt werden; an alle, die Sklaven des Geldes, der Macht, des Erfolgs, der Weltlichkeit sind. Die Ärmsten! Sie haben verfälschte Tröstungen, nicht die wahre Tröstung des Herrn! Alle sind wir aufgerufen, unsere Brüder und Schwestern zu trösten, indem wir bezeugen, dass Gott allein die Ursachen der existenziellen und geistlichen Dramen beseitigen kann. Er kann es! Er ist mächtig!

KEINE ANGST HABEN VOR DEM TROST

Es ist schon seltsam, doch viele Male haben wir Angst vor der Tröstung, getröstet zu werden. Mehr noch: Wir fühlen uns sicherer in der Traurigkeit und Verzweiflung. Wisst ihr, warum? Weil wir uns in der Traurigkeit fast als Hauptpersonen empfinden. In der Tröstung dagegen ist der Heilige Geist die Hauptperson! Er ist es, der uns tröstet, er ist es, der uns den Mut schenkt, aus uns herauszugehen. Er ist es, der uns zur Quelle jeder echten Tröstung führt, das heißt zum Vater. Und das ist die Umkehr. Bitte, lasst euch vom Herrn trösten! Lasst euch vom Herrn trösten!

HABEN WIR ANGST, DASS DER HERR KOMMT?

Jesus kommt zu uns. Das Geheimnis der Geburt Jesu in Betlehem, die sich historisch vor mehr als 2000 Jahren zutrug, verwirklicht sich als geistliches Ereignis im »Heute« der Liturgie ... Wie oft kommt doch Jesus in unserem Leben vorbei, und wie oft schickt er uns einen Engel, und wie oft bemerken wir das nicht, weil wir so sehr beschäftigt sind, versunken in unsere Gedanken, in unsere Geschäfte und in diesen Tagen sogar in unsere Weihnachtsvorbereitungen, so dass wir ihn nicht bemerken, wie er vorbeigeht und an die Tür unseres Herzens klopft und um Aufnahme bittet, um ein »Ja« wie jenes »Ja« Marias bittet. Ein Heiliger sagte: »Ich habe Angst, dass der Herr kommt.« Wisst ihr, warum er Angst hatte? Angst davor, es nicht zu bemerken und sein Kommen zu verpassen. Wenn wir in unserem Herzen spüren: »Ich möchte besser sein ... Mich reut, was ich getan habe ...« – Es ist der Herr, der anklopft. Er lässt dich das spüren: das Verlangen, besser zu sein, das Verlangen, näher bei den anderen, bei Gott zu sein. Wenn du das spürst, dann halte ein. Da ist der Herr!

4. Dezember

MARIA WEISS NICHT, WAS IHR BEVORSTEHT

Richten wir den Blick auf dieses einfache Mädchen aus Nazaret, in dem Moment, in dem sie mit ihrem »Ja« ihre Bereitschaft für die göttliche Botschaft erklärt … Maria antwortet dem Engel und sagt: »Ich bin die Magd des Herrn; mir geschehe, wie du es gesagt hast«. In ihrem vom Glauben erfüllten »Hier bin ich« weiß Maria nicht, auf welche Wege sie sich begeben, welche Schmerzen sie erleiden muss, welchen Gefahren sie begegnen wird. Doch sie ist sich dessen bewusst, dass es der Herr ist, der dies fordert, und sie vertraut sich ihm völlig an, sie überlässt sich seiner Liebe. Das ist der Glaube Marias!

BIN ICH IN JESUS VERLIEBT?

Gott will, dass alle Menschen durch Jesus Christus, den einen Mittler, gerettet werden (vgl. 1 Tim 2,4–6). Daher ist jeder von uns aufgerufen, Jesus all jenen bekannt zu machen, die ihn noch nicht kennen. Doch das heißt nicht, Proselytismus [Bekehrungseifer] zu betreiben. Nein, das bedeutet, eine Tür zu öffnen ...

Ich überlasse euch eine Frage: »Ich – bin ich wirklich in Jesus verliebt? Bin ich überzeugt, dass mir Jesus das Heil anbietet und schenkt?« Und wenn ich verliebt bin, dann muss ich es mitteilen. Doch wir müssen mutig sein: die Berge des Stolzes und der Rivalität abbauen, die durch Gleichgültigkeit und Apathie gegrabenen Abgründe auffüllen, die Wege unserer Trägheit und unserer Kompromisse begradigen.

DIE FREUDE DES CHRISTEN

Wer umkehrt und sich dem Herrn nähert, verspürt Freude. Der Prophet Zefanja sagt uns: »Juble, Tochter Zion!«, an Jerusalem gewandt (Zef 3,14); und der Apostel Paulus ermahnt die Christen von Philippi auf diese Weise: »Freut euch im Herrn zu jeder Zeit!« (Phil 4,4). Heute braucht man Mut, um von Freude zu sprechen, und vor allem braucht man Glauben!

Die Welt hat mit vielen Problemen zu kämpfen, die Zukunft steht unter der bedrückenden Last von Ungewissheit und Ängsten. Und dennoch ist der Christ ein freudiger Mensch, und seine Freude ist nichts Oberflächliches und Vergängliches, sondern sie ist tief und fest, da sie ein Geschenk des Herrn ist, das das Leben erfüllt. Unsere Freude kommt aus der Gewissheit, dass der »Herr nahe ist« (Phil 4,5): er ist nahe mit seiner Zärtlichkeit, mit seinem Erbarmen, mit seiner Vergebung und mit seiner Liebe.

7. Dezember

DAS STAUNEN

Im Evangelium heißt es: »Maria ging in das Haus des Zacharias und begrüßte Elisabet« (Lk 1,40). Und nach diesem Gruß fühlte sich Elisabet von einem großen Staunen erfasst – vergesst dieses Wort nicht: Staunen. Das Staunen... Um Weihnachten fruchtbringend zu feiern, sind wir aufgerufen, an den »Orten« des Staunens innezuhalten. Aber wo befinden sich diese Orte des Staunens im täglichen Leben? ... Der erste Ort ist der Andere, in dem ein Bruder, eine Schwester zu erkennen ist, denn seit dem Ereignis der Geburt Jesu ist jedem Antlitz die Ebenbildlichkeit mit dem Sohn Gottes eingeprägt. Vor allem wenn es das Antlitz des Armen ist, da Gott als Armer in die Welt gekommen ist und vor allem auf die Armen zugegangen ist.

DEM HERRN DEN WEG BEREITEN

In dieser Zeit des Advents wollen wir uns von der Mahnung des Täufers leiten lassen: »Bereitet dem Herrn den Weg! Ebnet ihm die Straßen!«, sagt er uns. Wir bereiten dem Herrn den Weg und ebnen ihm die Straßen, wenn wir unser Gewissen erforschen, wenn wir unsere Einstellungen prüfen, um diese sündigen Haltungen zu vertreiben, ... die nicht von Gott sind: Erfolg um jeden Preis; Macht auf Kosten der Schwächsten; Durst nach Reichtümern; Vergnügen um jeden Preis.

SEID BEREIT, EUCH BESUCHEN ZU LASSEN

In der … beginnenden Adventszeit sind wir aufgerufen, den Horizont unseres Herzens zu erweitern, uns vom Leben überraschen zu lassen, das sich jeden Tag mit seinen Neuigkeiten präsentiert. Um dies zu tun, ist es nötig zu lernen, nicht von unseren Sicherheiten, von unseren gefestigten Konzepten abhängig zu sein, denn der Herr kommt zu einer Stunde, in der wir es uns nicht vorstellen. Er kommt, um uns in eine schönere und größere Dimension hineinzuführen. Die Gottesmutter, Jungfrau des Advents, helfe uns, uns nicht als Eigentümer unseres Lebens zu betrachten, keinen Widerstand zu leisten, wenn der Herr kommt, um es zu verändern, sondern bereit zu sein, uns von ihm besuchen zu lassen, dem erwarteten und willkommenen Gast, auch wenn er unsere Pläne umstößt.

DAS WEIHNACHTSFEST ALS GEISEL

Jesus wird geboren – abgelehnt von einigen und unter der Gleichgültigkeit der meisten. Auch heute kann es dieselbe Gleichgültigkeit geben, wenn Weihnachten zu einem Fest wird, bei dem die Hauptfiguren wir sind und nicht Er; wenn die Lichter des Gewerbes das Licht Gottes in den Schatten stellen; wenn wir uns abmühen für die Geschenke und den Ausgegrenzten gegenüber gefühllos bleiben. Diese Weltlichkeit hat das Weihnachtsfest als Geisel genommen; man muss es befreien!

NICHT IRGENDEINE FREUDE

In der Liturgie erklingt mehrmals der Aufruf, sich zu freuen, freudig zu sein – warum? Weil der Herr nahe ist. Weihnachten ist nahe. Die christliche Botschaft nennt sich »Evangelium«, das heißt »frohe Botschaft«, eine Verkündigung der Freude für das ganze Volk; die Kirche ist kein Zufluchtsort für traurige Leute, die Kirche ist die Heimat der Freude! Und die Traurigen finden in ihr Freude, sie finden die wahre Freude! Doch die Freude des Evangeliums ist nicht irgendeine Freude. Sie findet ihren Grund darin, sich von Gott angenommen und geliebt zu wissen.

DAMIT UNSER LEBEN NICHT AUSTROCKNET

Gottes Kommen mitten unter uns stärkt uns, macht uns standhaft, schenkt uns Mut, lässt Wüste und Steppe jubeln und blühen, das heißt das Leben, wenn es sonst verdörrt. Und wann trocknet unser Leben aus? Wenn es ohne das Wasser des Wortes Gottes und seines Geistes der Liebe ist. So groß auch unsere Grenzen und unsere Verzagtheit sein mögen, es ist uns nicht gestattet, angesichts der Schwierigkeiten und unserer eigenen Schwächen erschlafft und wankend zu sein. Im Gegenteil, wir sind aufgefordert, die Hände wieder stark, die Knie fest zu machen, Mut zu haben und uns nicht zu fürchten, da unser Gott uns immer die Größe seiner Barmherzigkeit zeigt. Er gibt uns die Kraft, vorwärtszugehen. Er ist immer bei uns, um uns zu helfen voranzugehen. Er ist ein Gott, der uns so gerne hat, der uns liebt, und deshalb ist er bei uns, um uns zu helfen, um uns zu stärken und vorwärtsgehen zu lassen. Habt Mut! Immer vorwärts! Dank seiner Hilfe können wir immer wieder von vorne anfangen.

EIN WUNDER, FÜR DAS MAN NUR DANKEN KANN

Die Jungfrau Maria helfe uns, den Schritt in Richtung Betlehem zu beschleunigen, um dem Kind zu begegnen, das für uns geboren ist, für das Heil und die Freude aller Menschen. Zu ihr sprach der Engel: »Sei gegrüßt, du Begnadete, der Herr ist mit dir« (Lk 1,28). Sie erwirke es uns, die Freude des Evangeliums in der Familie, bei der Arbeit, in der Pfarrei und in jedem Umfeld zu leben. Eine innige Freude aus Staunen und Zärtlichkeit. Jene Freude, die eine Mutter empfindet, wenn sie auf ihr neugeborenes Kind blickt und spürt, dass es ein Geschenk Gottes ist, ein Wunder, für das man nur danken kann!

ZWEIFELN – UND DOCH GLAUBEN

Im Evangelium heißt es von Maria: »Josef, ihr Mann, der gerecht war und sie nicht bloßstellen wollte, beschloss, sich in aller Stille von ihr zu trennen« (Mt 1,19). Dieser kurze Satz fasst ein wirkliches inneres Drama zusammen, wenn wir an die Liebe denken, die Josef Maria entgegenbrachte! Doch auch in einer derartigen Situation will Josef den Willen Gottes tun und beschließt, gewiss unter großem Kummer, sich von Maria in aller Stille zu trennen. Man muss über diese Worte nachdenken, um zu verstehen, wie groß die Prüfung Josefs gewesen ist, die er in den Tagen vor der Geburt Jesu bestehen musste. ... Dieses Evangelium zeigt uns die ganze Seelengröße des heiligen Josef ... Er hat nicht darauf beharrt, seinen eignen Lebensentwurf weiterzuverfolgen, er hat es nicht zugelassen, dass ihm der Groll das Gemüt vergiftete, sondern er war bereit, sich der Neuheit zur Verfügung zu stellen, mit der er auf beunruhigende Weise konfrontiert wurde ... Bereiten wir uns also vor, Weihnachten zu feiern, indem wir Maria und Josef betrachten: Maria, die Frau voll der Gnade, die den Mut gehabt hat, sich ganz dem Wort Gottes anzuvertrauen; Josef, der treue und gerechte Mann, der es vorgezogen hat, dem Herrn zu glauben, statt auf die Stimmen des Zweifels und des menschlichen Stolzes zu hören. Mit ihnen gehen wir gemeinsam nach Betlehem.

15. Dezember

SUCHE GOTT IN DER DEMUT

Gott kommt, um uns zu retten, und er findet keinen besseren Weg, dies zu tun, als mit uns zu gehen, unser Leben zu teilen. Und als er sich für die Art und Weise entscheidet, wie sein Leben sein soll, wählt er nicht eine große Stadt eines großen Reiches aus, er wählt keine Prinzessin, keine Gräfin, keine bedeutende Persönlichkeit zur Mutter, er wählt keinen Luxuspalast. Es scheint, dass alles absichtlich fast im Verborgenen geschah. Maria war ein junges Mädchen im Alter von 16, 17 Jahren, nicht mehr, in einem abgelegenen Dorf in einem Randgebiet des Römischen Reiches; und sicherlich kannte niemand jenes Dorf. Josef war ein junger Mann, der sie liebte und heiraten wollte, ein Zimmermann, der das tägliche Brot verdiente. Alles in aller Einfachheit, alles im Verborgenen. … Josef bemerkte, dass sie ein Kind erwartete, aber er war gerecht. … Und der Engel erklärt Josef das Geheimnis. … Als Josef erwachte, tat er, was der Engel des Herrn ihm befohlen hatte, und er ging zu ihr und nahm sie zur Frau (vgl. Mt 1,18–25). Aber alles im Verborgenen, ganz einfach und demütig. Die großen Städte der Welt wussten von nichts. Und so ist Gott unter uns. Wenn du Gott finden willst, dann suche ihn in der Demut, suche ihn in der Armut, suche ihn dort, wo er verborgen ist: in den Armen, in den Ärmsten, in den Kranken, in den Hungernden, in den Gefangenen.

TAG FÜR TAG, IN GEDULD

Die Geduld Gottes. Wie schwer ist das zu begreifen: Gottes Geduld mit uns! Den Weg der Geschichte hindurch offenbart uns das Licht, welches das Dunkel durchbricht, dass Gott ein Vater ist und dass seine geduldige Treue stärker ist als die Finsternis und die Korruption. Das ist die eigentliche Botschaft der Weihnacht. Gott kennt keinen Wutanfall und keine Ungeduld. Er ist immer da, wie der Vater im Gleichnis vom verlorenen Sohn, in der Erwartung, von weitem die Rückkehr des Sohnes zu erkennen – und das Tag für Tag, in Geduld. Die Geduld Gottes ...

VON HIER BEGINNT DER WEG DER WAHREN BEFREIUNG

Wenn wir von der Geburt Christi reden hören, wollen wir im Schweigen verharren und jenes Kind sprechen lassen; prägen wir seine Worte in unser Herz ein, ohne den Blick von seinem Antlitz abzuwenden. Wenn wir es in die Arme nehmen und uns von ihm umarmen lassen, wird es uns den Herzensfrieden geben, der niemals endet. Dieses Kind lehrt uns, was wirklich wesentlich ist in unserem Leben. Jesus wird in der Armut der Welt geboren, weil für ihn und seine Familie kein Platz in der Herberge ist. In einem Stall findet er Unterschlupf und Rückhalt und wird in eine Futterkrippe für Tiere gelegt. Und doch leuchtet aus diesem Nichts das Licht der Herrlichkeit Gottes auf. Von hier aus beginnt für die Menschen mit schlichtem Herzen der Weg der wahren Befreiung und der ewigen Erlösung.

DER WEG DER ERNIEDRIGUNG GOTTES

Welches ist das Geheimnis, in dem Gott sich verbirgt? Wo kann ich ihm begegnen? Wir sehen um uns Kriege, Ausbeutung von Kindern, Folterungen, Waffenhandel, Menschenhandel ... In all diesen Wirklichkeiten, in all diesen geringsten Brüdern und Schwestern, die aufgrund dieser Situationen leiden, ist Jesus da (vgl. Mt 25,40–45). Die Krippe führt uns einen Weg vor Augen, der anders ist als der, den die weltliche Mentalität sich erträumt: Es ist der Weg der Erniedrigung Gottes, jene Demut der Liebe Gottes, die sich klein macht und erniedrigt, seine in der Krippe von Bethlehem, im Kreuz auf Golgotha und im leidenden Mitmenschen verborgene Herrlichkeit.

DAS JESUSKIND KÜSSEN

Er, das Kind, ist der Sohn Gottes, der kommt, um uns zu retten. Er ist zu uns gekommen, um uns das Antlitz des Vaters zu zeigen, der reich ist an Liebe und Erbarmen. Halten wir also das Jesuskind fest in unseren Armen, stellen wir uns in seinen Dienst: Es ist die Quelle der Liebe und des Friedens. Und es wird etwas Schönes sein, heute, wenn wir nach Hause zurückkehren, zur Krippe zu gehen, das Jesuskind zu küssen und zu sagen: »Jesus, ich möchte demütig sein wie du, demütig wie Gott«, und diese Gnade von ihm zu erbitten.

DAS JESUSKIND ZUM LÄCHELN BRINGEN

Es gab eine Zeit, in der Gott im Gottmenschen Christus ein Kind gewesen ist, und das muss seine besondere Bedeutung für unseren Glauben haben. Es ist wahr, dass sein Tod am Kreuz und seine Auferstehung der höchste Ausdruck seiner erlösenden Liebe sind, aber wir dürfen nicht vergessen, dass sein ganzes irdisches Leben Offenbarung und Lehre ist. In der Weihnachtszeit gedenken wir seiner Kindheit. Um im Glauben zu wachsen, sollten wir das Jesuskind öfter betrachten. Gewiss, wir wissen nichts über diese Zeit seines Lebens ... Aber wir können viel von ihm lernen, wenn wir das Leben der Kinder betrachten. ... Wir entdecken vor allem, dass die Kinder unsere Aufmerksamkeit wollen. Warum müssen sie im Mittelpunkt stehen? Weil sie stolz sind? Nein! Weil sie sich geschützt fühlen müssen. Auch wir müssen Jesus in den Mittelpunkt unseres Lebens stellen und wissen, auch wenn es widersprüchlich erscheinen mag, dass wir die Verantwortung haben, ihn zu schützen. Er will in unseren Armen liegen, er möchte versorgt werden und seinen Blick auf unseren heften können. Auch müssen wir das Jesuskind zum Lächeln bringen, um ihm unsere Liebe und unsere Freude darüber zu zeigen, dass es mitten unter uns ist. Sein Lächeln ist ein Zeichen der Liebe, das uns die Gewissheit schenkt, geliebt zu sein.

ÖFFNE ICH GOTT DIE TÜR?

Diese beiden Gestalten, Maria und Josef, die als erste Jesus durch den Glauben angenommen haben, führen uns in das Geheimnis von Weihnachten ein. Maria hilft uns, eine Haltung der Bereitschaft anzunehmen, um den Sohn Gottes in unserem konkreten Leben, in unserem Fleisch aufzunehmen. Josef spornt uns an, immer den Willen Gottes zu suchen und ihm voll Vertrauen zu folgen. Beide haben es zugelassen, dass Gott sich ihnen nähert ... Und öffne ich die Tür jenem Gott, der sich nähert, – dem Herrn –, wenn ich eine innere Inspiration verspüre, wenn ich spüre, dass er von mir fordert, ein bisschen mehr für die anderen zu tun, wenn er mich zum Gebet ruft? Gott-mit-uns, Gott, der nahekommt. Diese Botschaft der Hoffnung, die sich an Weihnachten erfüllt, möge das Erwarten Gottes auch in einem jeden von uns zur Erfüllung bringen, in der ganzen Kirche, und in so vielen Kleinen, die die Welt verachtet, die Gott aber liebt und denen Gott sich nähert.

22. Dezember

NICHT NUR GEFÜHL, SONDERN WIRKLICHKEIT

»Das Volk, das im Dunkel geht, sieht ein helles Licht« (Jes 9,1). Diese Weissagung des Jesaja ergreift uns immer neu ... Und das ist nicht nur eine Sache des Gefühls, eine Sentimentalität; sie ergreift uns, weil sie die Wirklichkeit dessen ausdrückt, was wir sind: ein Volk unterwegs, und um uns – wie auch in uns – gibt es Dunkelheit und Licht. Und in dieser Nacht, während der Geist der Finsternis die Welt einhüllt, erneuert sich das Ereignis, das uns immer in Erstaunen versetzt und uns überrascht: Das Volk, das unterwegs ist, sieht ein helles Licht.

ATLANTISCHER
OZEAN
BRASILIEN
BOLIVIEN
PERU
CHILE
VENEZUELA
KOLUMBIEN

NICHT IN ROM, SONDERN AM RAND

Die Menschwerdung des Sohnes Gottes eröffnet einen Neubeginn in der Universalgeschichte des Mannes und der Frau. Und dieser Neubeginn findet im Schoße einer Familie statt, in Nazaret. Jesus wurde in diese Familie hineingeboren. Er hätte auf spektakuläre Weise kommen können oder als Krieger, als Kaiser ... Nein, nein: Er kommt als Sohn einer Familie, in eine Familie. Das ist wichtig: in der Krippe diese wunderschöne Szene zu betrachten. Gott wollte in einer menschlichen Familie geboren werden, die er selbst gebildet hat. Er hat sie in einem entlegenen Dorf am Rande des Römischen Reiches gebildet. Nicht in Rom, der Hauptstadt des Reiches, nicht in einer großen Stadt, sondern in einem fast unsichtbaren, ja sogar ziemlich verrufenen Randgebiet. Daran erinnern auch die Evangelien, es ist fast wie eine Redensart: »Aus Nazaret? Kann von dort etwas Gutes kommen?« (Joh 1,46). Vielleicht reden wir selbst in vielen Teilen der Welt noch so, wenn wir den Namen irgendeines Randgebietes einer großen Stadt hören. Und dennoch: Gerade dort, am Rande des großen Reiches, hat die heiligste und beste Geschichte begonnen, die Geschichte Jesu unter den Menschen!

WIR SIND NICHT MEHR ALLEIN

Heute ist der Sohn Gottes geboren: Alles wird anders. Der Retter der Welt kommt, um Anteil zu haben an unserer Menschennatur, wir sind nicht mehr allein und verlassen. Die Jungfrau bietet uns ihren Sohn dar als Anfang eines neuen Lebens. Das wahre Licht kommt, um unser oft in den Schatten der Sünde eingeschlossenes Leben zu erhellen. Heute entdecken wir von neuem, wer wir sind! In dieser Nacht wird uns der Weg aufgezeigt, der zurückzulegen ist, um ans Ziel zu gelangen. Jetzt müssen jede Angst und jeder Schrecken enden, denn das Licht weist uns den Weg nach Betlehem. Wir dürfen nicht in Trägheit verharren. Es ist uns nicht gestattet, unbeweglich zu bleiben. Wir müssen aufbrechen, um unseren Retter zu sehen, der in eine Krippe gelegt ist. Und dies ist der Grund für den Jubel und die Freude: Dieses Kind ist für uns geboren, »ist uns geschenkt«, wie Jesaja ankündigt (vgl. 9,5). Einem Volk, das seit zweitausend Jahren überall in der Welt unterwegs ist, um jedem Menschen Anteil an dieser Freude zu geben, wird die Sendung übertragen, den »Friedensfürsten« bekannt zu machen und sein wirksames Werkzeug inmitten der Nationen zu werden.

DIE SCHÖNHEIT, VON GOTT GELIEBT ZU WERDEN

Lassen wir uns von der Zärtlichkeit berühren, die rettet. Nähern wir uns Gott, der uns nahe kommt, halten wir inne, um die Krippe anzuschauen, stellen wir uns die Geburt Jesu vor: das Licht und den Frieden, die extreme Armut und die Ablehnung. Treten wir mit den Hirten in die wahre Weihnacht ein, bringen wir das zu Jesus, was wir sind, unsere Ausgrenzungen, unsere nicht ausgeheilten Wunden, unsere Sünden. So werden wir in Jesus den wahren Geist von Weihnachten kosten: die Schönheit, von Gott geliebt zu werden. Stehen wir mit Maria und Josef vor der Krippe, vor Jesus, der geboren wird als Brot für mein Leben. Und indem wir seine demütige und grenzenlose Liebe betrachten, sagen wir ihm einfach Dank: Danke, weil du all das *für mich* getan hast.

EINE WAHRHAFT CHRISTLICHE WEIHNACHT LEBEN

Im Geheimnis der Geburt Christi finden wir neben Maria die stille Gegenwart des heiligen Josef, wie dies in jeder Krippe dargestellt wird. ... Das Beispiel Marias und Josefs ist für uns alle eine Einladung, in vollkommener Offenheit der Seele Jesus aufzunehmen, der aus Liebe unser Bruder geworden ist. Er kommt, um der Welt das Geschenk des Friedens zu bringen: »Auf Erden ist Friede bei den Menschen seiner Gnade« (Lk 2,14), wie der Chor der Engel den Hirten verkündete. Das kostbare Geschenk von Weihnachten ist der Friede, und Christus ist unser wahrer Friede. Christus klopft an unsere Herzen, um uns den Frieden zu schenken, den Frieden der Seelen. Öffnen wir die Tore für Christus! Wir wollen uns der Fürsprache unserer Mutter und des heiligen Josefs anvertrauen, um eine wahrhaft christliche Weihnacht zu leben, frei von jeglicher Weltlichkeit, bereit, den Heiland, den Gott-mit-uns, aufzunehmen.

EINDRINGEN IN DAS GEHEIMNIS

Die Sterndeuter sind ins Geheimnis eingedrungen. Sie sind vom menschlichen Kalkül zum Mysterium übergegangen – und das war ihre Umkehr. Und unsere? Bitten wir den Herrn, dass er uns gewährt, den gleichen Weg der Umkehr zu erfahren, den sie erfahren haben. Dass er uns gegen die Versuchungen, die den Stern verbergen, verteidigt und uns von ihnen befreit. Dass wir stets die Unruhe haben, uns zu fragen: Wo ist der Stern?, wenn wir ihn inmitten der Täuschungen der Welt aus den Augen verloren haben. Dass wir lernen, auf immer neue Weise das Geheimnis Gottes zu erkennen; dass wir keinen Anstoß nehmen an dem »Zeichen«, an dem Hinweis, an dem Zeichen, das von den Engeln genannt wurde: »ein Kind ... das, in Windeln gewickelt, in einer Krippe liegt« (Lk 2,12), und dass wir die Demut besitzen, seine Mutter – unsere Mutter – zu bitten, es uns zu zeigen. Dass wir den Mut finden, uns von unseren Illusionen, von unseren Dünkeln, von unseren »Lichtern« zu befreien, diesen Mut in der Demut des Glaubens suchen und wie die heiligen Sterndeuter dem wahren Licht – *lumen* – begegnen können. Dass wir in das Geheimnis eindringen können.

JESUS WOLLTE ZU EINER FAMILIE GEHÖREN

Tatsächlich zeigt uns jede Krippe Jesus gemeinsam mit der Gottesmutter und dem heiligen Josef in der Grotte von Betlehem. Gott wollte in einer menschlichen Familie geboren werden, er wollte eine Mutter und einen Vater haben wie wir. Und (in Matthäus 2) zeigt uns das Evangelium die Heilige Familie auf dem schmerzlichen Weg ins Exil, auf der Suche nach einer Zuflucht in Ägypten. Josef, Maria und Jesus erleben die dramatische Situation der Flüchtlinge, die von Angst, Ungewissheit und Not gezeichnet ist. Leider können sich in unseren Tagen Millionen von Familien in dieser traurigen Realität wiedererkennen… Jesus wollte zu einer Familie gehören, die diese Schwierigkeiten erfahren hat, damit sich niemand von der liebevollen Nähe Gottes ausgeschlossen fühlt. Die Flucht nach Ägypten aufgrund der Bedrohungen durch Herodes zeigt uns, dass Gott dort ist, wo der Mensch in Gefahr ist, wo der Mensch leidet, wo er flüchtet, wo er Ablehnung und Verlassenheit erfährt; doch Gott ist auch dort, wo der Mensch träumt, wo er hofft, in Freiheit in seine Heimat zurückzukehren, wo er für das Leben und die Würde seiner selbst sowie seiner Familienangehörigen Pläne schmiedet und Entscheidungen trifft.

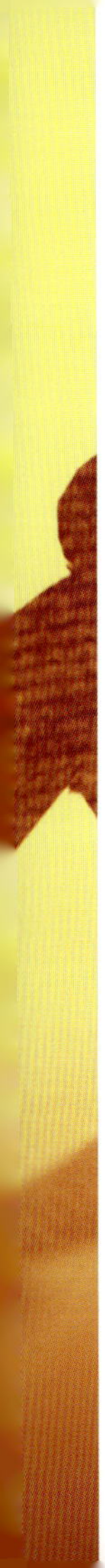

29. Dezember

ES SIND EINFACHE MENSCHEN, DIE IHN AUFNEHMEN

Jesus, Gottes Sohn, der Retter der Welt, ist uns geboren. Er wurde in Betlehem von einer Jungfrau geboren. So erfüllten sich die alten Prophetien. Die Jungfrau heißt Maria, ihr Verlobter Josef.
Es sind einfache Menschen, voll der Hoffnung auf Gottes Güte, die Jesus aufnehmen und ihn erkennen. So hat der Heilige Geist die Hirten von Betlehem erleuchtet, die zur Grotte geeilt sind und das Kind angebetet haben. Und dann hat der Heilige Geist die betagten Simeon und Hanna – auch sie einfache Menschen – in den Tempel von Jerusalem geführt, und sie haben in Jesus den Messias erkannt. »Meine Augen haben das Heil gesehen«, ruft Simeon aus, »das du [Gott] vor allen Völkern bereitet hast« (Lk 2,30). Ja, Brüder und Schwestern, Jesus ist das Heil für jeden Menschen und für alle Völker!

30. Dezember

GOTT IST VERLIEBT IN UNSER KLEINSEIN

Die Prophetie des Jesaja kündigt den Aufgang eines gewaltigen Lichtes an, welches das Dunkel durchbricht. Es wird in Betlehem geboren und aufgenommen von den liebevollen Händen Marias, der Liebe Josefs und dem Staunen der Hirten. Als die Engel den Hirten die Geburt des Erlösers verkündeten, sagen sie: »Und das soll euch als Zeichen dienen: Ihr werdet ein Kind finden, das, in Windeln gewickelt, in einer Krippe liegt« (Lk 2,12). Das »Zeichen« ist gerade die Demut Gottes, die bis zum Äußersten getriebene Demut Gottes; es ist die Liebe, mit der er in jener Nacht unsere Schwachheit, unser Leiden, unsere Ängste, unsere Sehnsüchte und unsere Grenzen angenommen hat. Die Botschaft, auf die alle warteten, das, wonach alle tief innerlich suchten, war nichts anderes als die Zärtlichkeit Gottes: Gott, der uns mit einem von Liebe erfüllten Blick anschaut, der unser Elend annimmt, Gott, der in unser Kleinsein verliebt ist.

ZULASSEN, DASS ER MICH STREICHELT

Wie nehmen wir die Zärtlichkeit Gottes an? Lasse ich mich von ihm erreichen, lasse ich mich umarmen oder hindere ich ihn daran, mir nahe zu kommen? »Aber ich suche doch den Herrn«, könnten wir einwenden. Das Wichtigste ist allerdings nicht, ihn zu suchen, sondern zuzulassen, dass er mich sucht, dass er mich findet und mich liebevoll streichelt. Das ist die Frage, die das Christuskind uns einzig mit seiner Gegenwart stellt: Lasse ich zu, dass Gott mich lieb hat? Gehen wir noch einen Schritt weiter: Haben wir den Mut, mit Zärtlichkeit die schwierigen Situationen und die Probleme des Menschen neben uns mitzutragen, oder ziehen wir es vor, sachliche Lösungen zu suchen, die vielleicht effizient sind, aber der Glut des Evangeliums entbehren? Wie sehr braucht doch die Welt von heute Zärtlichkeit! – Geduld Gottes, Nähe Gottes, Zärtlichkeit Gottes. Die Antwort des Christen kann nicht anders sein als jene, die Gott angesichts unseres Kleinseins gibt. Das Leben muss mit Güte, mit Sanftmut angegangen werden.

KLEINES GEBET

Herr, hilf mir, wie du zu sein;
gib mir die Gnade der Zärtlichkeit
in den schwierigsten Lebensumständen;
gib mir die Gnade, in jeder Not nahe zu sein,
die Gnade der Sanftheit,
in welchen Konflikten auch immer.

2. Januar
Neujahr

SIND WIR ETWA FRÖMMLER?

Wer sind wir vor dem Kind Jesus? Wer sind wir vor den Kindern von heute? Sind wir wie Maria und Josef, die Jesus aufnehmen und sich mit mütterlicher und väterlicher Liebe um ihn kümmern? Oder sind wir wie Herodes, der ihn beseitigen will? Sind wir wie die Hirten, die eilends gehen, die niederknien, um ihn anzubeten, und ihre bescheidenen Gaben darbringen? Oder sind wir gleichgültig? Sind wir etwa Phrasendrescher oder Frömmler, Menschen, welche die Bilder der armen Kinder zu Gewinnzwecken ausnutzen? Sind wir fähig, bei ihnen zu sein, »Zeit zu verlieren« mit ihnen? Verstehen wir es, ihnen zuzuhören, sie zu behüten, für sie und mit ihnen zu beten? Oder vernachlässigen wir sie, um uns mit unseren Geschäften zu befassen?

AUCH HEUTE SIND DIE KINDER EIN ZEICHEN

Das in Betlehem geborene Jesuskind ist das Zeichen, das Gott denen gegeben hat, die das Heil erwarteten, und es bleibt für immer das Zeichen der Zärtlichkeit Gottes und seiner Gegenwart in der Welt. Der Engel sagt zu den Hirten: »Das soll euch als Zeichen dienen: Ihr werdet ein Kind finden ...«

Auch heute sind die Kinder ein Zeichen. Ein Zeichen der Hoffnung, ein Zeichen des Lebens, aber auch ein »diagnostisches« Zeichen, um den Gesundheitszustand einer Familie, einer Gesellschaft, der ganzen Welt zu erkennen. Wenn die Kinder angenommen, geliebt, behütet und beschützt werden, ist die Familie gesund, wird die Gesellschaft besser und ist die Welt menschlicher... Gott wiederholt heute auch für uns Männer und Frauen des 21. Jahrhunderts: »Das soll euch als Zeichen dienen«, sucht das Kind ...

DIESE NÄHE VERGEHT NIE

Mit der Geburt Jesu ist eine neue Verheißung geboren, es ist eine neue Welt geboren, aber auch eine Welt, die immer erneuert werden kann. Gott ist immer da, um neue Menschen zu erwecken, um die Welt von der Sünde zu reinigen, die sie altern lässt, von der Sünde, die sie verdirbt. So sehr die menschliche Geschichte und die Geschichte eines jeden von uns auch von Schwierigkeiten und Schwächen gezeichnet sein mögen, sagt uns der Glaube an die Menschwerdung, dass Gott mit dem Menschen und seiner Geschichte solidarisch ist. Diese Nähe Gottes zum Menschen, zu jedem Menschen, zu einem jeden von uns, ist ein Geschenk, das nie vergeht! Er ist mit uns! Er ist der Gott-mit-uns! Und diese Nähe vergeht nie. Das ist also die frohe Botschaft von Weihnachten: das göttliche Licht, das die Herzen der Jungfrau Maria und des heiligen Josefs überflutete und die Schritte der Hirten und der Sterndeuter führte, erstrahlt auch heute für uns.

UNSER LEBEN IST EIN GEHEN

»Lumen requirunt lumine«. Diese ausdrucksstarke Wendung eines liturgischen Hymnus zum Fest der Erscheinung des Herrn bezieht sich auf die Erfahrung der Sterndeuter: Indem sie einem Licht folgen, suchen sie das Licht. Der Stern, der am Himmel erschienen ist, entzündet in ihrem Verstand und in ihrem Herzen ein Licht, das sie zur Suche des großen Lichtes Christi bewegt. Die Sterndeuter folgen treu jenem Licht, das sie innerlich erfüllt, und sie begegnen dem Herrn. In diesem Weg der Sterndeuter aus dem Osten ist die Bestimmung eines jeden Menschen angedeutet: Unser Leben ist ein Gehen, erleuchtet von den Lichtern, die die Straße hell machen, um die Fülle der Wahrheit und der Liebe zu finden, die wir Christen in Jesus, dem Licht der Welt, erkennen. Und jeder Mensch hat wie die Sterndeuter zwei große »Bücher« zur Verfügung, aus denen er die Hinweise entnimmt, um sich auf der Pilgerschaft zu orientieren: das Buch der Schöpfung und das Buch der Heiligen Schrift. Es ist wichtig, aufmerksam zu sein, wachsam, Gott zu hören, der zu uns immer wieder spricht. So wie der Psalm in Bezug auf das Gesetz des Herrn sagt: »Dein Wort ist meinem Fuß eine Leuchte, ein Licht für meine Pfade« (Ps 119,105).

S
SE
SW
E
W
NE
N
NW
0
20
40
60
80
100
120
140
160
180
200
220
240

GOTT GEHT UNS VORAUS

Der neue Stern, der den Sterndeutern erschien, war das Zeichen für die Geburt Christi. Wenn sie den Stern nicht gesehen hätten, so wären jene Männer nicht aufgebrochen. Das Licht geht uns voraus, die Wahrheit geht uns voraus, die Schönheit geht uns voraus. Gott geht uns voraus. Der Prophet Jesaja sagte, dass Gott wie eine Mandelblüte ist. Warum? Weil in jenem Land der Mandelbaum der erste ist, der blüht. Und Gott geht uns immer voraus, immer sucht er uns als erster, er macht den ersten Schritt. Gott geht uns immer voraus. Seine Gnade geht uns voraus, und diese Gnade ist in Jesus erschienen. Er ist die Epiphanie. Er, Jesus Christus, ist das Offenbarwerden der Liebe Gottes. Er ist mit uns.

Die Kirche steht ganz in dieser Bewegung Gottes auf die Welt zu: ihre Freude ist das Evangelium, ihre Freude besteht darin, Widerschein des Lichtes Christi zu sein. Die Kirche ist das Volk derer, die diese Anziehung erfahren haben und sie in sich tragen, im Herzen, im Leben.

DEN HIMMEL OFFEN SEHEN

Mit der Geburt Jesu öffnet sich der Himmel! Gott gibt uns in Christus die Gewissheit einer unzerstörbaren Liebe. Seit der Menschwerdung des Wortes ist es also möglich, den Himmel offen zu sehen. Es war dies möglich für die Hirten von Betlehem, für die Sterndeuter aus dem Osten, für den Täufer, für die Apostel Jesu, für den heiligen Stephanus, den ersten Märtyrer, der ausrief: »Ich sehe den Himmel offen!« (Apg 7,56). Und auch ein jeder von uns vermag es, wenn wir uns von der Liebe Gottes erfüllen lassen, die uns zum ersten Mal in der Taufe durch den Heiligen Geist geschenkt wird. Lassen wir uns von der Liebe Gottes überfluten! Das ist die große Zeit der Barmherzigkeit! Vergesst es nicht: das ist die große Zeit der Barmherzigkeit!

EINES VERBINDET SIE: DER HIMMEL

Die Hirten und die Sterndeuter unterscheiden sich sehr voneinander. Eines aber verbindet sie: der Himmel. Die Hirten von Betlehem eilten nicht deswegen sofort los, um Jesus zu sehen, weil sie besonders gut gewesen wären, sondern weil sie in der Nacht wachten, die Augen zum Himmel erhoben und so ein Zeichen sahen, sie hörten seine Botschaft und folgten ihm. So auch die Sterndeuter: sie erforschten den Himmel, sie sahen einen neuen Stern, sie deuteten das Zeichen und machten sich aus der Ferne auf den Weg. Die Hirten und die Sterndeuter lehren uns, dass es für die Begegnung mit Jesus notwendig ist, den Blick zum Himmel zu erheben, nicht auf sich selbst zurückgebeugt zu sein, auf den eigenen Egoismus, sondern das Herz und den Sinn offen für die Horizonte Gottes zu haben, der uns immer überrascht. Sie lehren uns, seine Botschaften anzunehmen und bereitwillig und großherzig auf sie zu antworten.

9. Januar

NICHT NUR EIN IDEAL

»Die Gnade Gottes ist erschienen, um alle Menschen zu retten« (Tit 2,11). Die Gnade, die in der Welt erschienen ist, ist Jesus, geboren von der Jungfrau Maria, wahrer Mensch und wahrer Gott. Er ist in unsere Geschichte eingetreten, hat den Weg mit uns geteilt. Er ist gekommen, um uns von der Dunkelheit zu befreien und uns das Licht zu schenken. In ihm ist die Gnade, die Barmherzigkeit, die Zärtlichkeit des Vaters erschienen: Jesus ist die Mensch gewordene Liebe. Er ist nicht nur ein Lehrer der Weisheit, er ist nicht ein Ideal, dem wir zustreben und von dem wir uns hoffnungslos weit entfernt wissen, er ist der Sinn des Lebens und der Geschichte, der sein Zelt mitten unter uns aufgeschlagen hat.

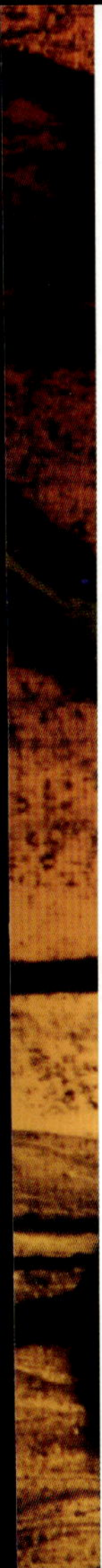

GEBET

Danke, o heilige Mutter des Gottessohnes Jesus! Heilige Mutter Gottes!
Danke für deine Demut, die den Blick Gottes auf sich gezogen hat;
danke für den Glauben, mit dem du sein Wort angenommen hast;
danke für den Mut, mit dem du gesagt hast:
»Ich bin bereit«,
dich selbst vergessend, fasziniert von der Heiligen Liebe,
ganz eins mit seiner Hoffnung.
Danke, o heilige Mutter Gottes!
Bitte für uns, Pilger in der Zeit!
Hilf uns, auf dem Weg des Friedens zu gehen.
Amen!

REICH UND ARM, ALLMÄCHTIG UND SCHWACH

Die Hirten waren die Ersten, ... die die Verkündigung von der Geburt Jesu empfingen. Sie waren die Ersten, weil sie zu den Letzten, den Ausgegrenzten gehörten. Und sie waren die Ersten, weil sie in der Nacht wachsam waren und über ihre Herde wachten. Es ist ein Gesetz des Pilgers, wachsam zu sein, und sie waren es. Mit ihnen bleiben wir vor dem Kind stehen, halten wir schweigend inne. Mit ihnen danken wir dem Herrn, dass er uns Jesus geschenkt hat, und mit ihnen lassen wir aus der Tiefe unseres Herzens das Lob für seine Treue aufsteigen: Wir preisen dich, Herr, höchster Gott, der du dich für uns erniedrigt hast. Du bist unermesslich groß und bist klein geworden; du bist reich und bist arm geworden; du bist allmächtig und bist ein schwacher Mensch geworden.

DIE KINDER, DIE NICHT IN EINER WIEGE LIEGEN

Lassen wir uns anfragen vom Kind in der Krippe, aber lassen wir uns auch anfragen von den Kindern, die heute nicht in einer Wiege liegen und von der Liebe einer Mutter und eines Vaters umhegt sind, sondern in den elenden »Futterkrippen«: im unterirdischen Bunker, um den Bombardierungen zu entkommen; auf dem Bürgersteig einer großen Stadt, auf dem Boden eines mit Migranten überladenen Schleppkahns. Lassen wir uns anfragen von den Kindern, die man nicht zur Welt kommen lässt; von denen, die weinen, weil niemand ihren Hunger stillt; von denen, die nicht Spielzeug, sondern Waffen in den Händen halten.

HIER IST DAS GANZE CHRISTENTUM ENTHALTEN

Der Evangelist schreibt: »Das Wort ist Fleisch geworden und hat unter uns gewohnt« (Joh 1,14). In diesen Worten, die uns immer wieder in Erstaunen versetzen, ist das ganze Christentum enthalten! Gott ist sterblich geworden, gebrechlich wie wir, er hat mit Ausnahme der Sünde unser Menschsein geteilt, doch er hat unsere Sünden auf sich genommen, als seien sie die seinen. Er ist in unsere Geschichte eingetreten, er ist ganz Gott-mit-uns geworden! So zeigt uns die Geburt Jesu, dass sich Gott mit jedem Mann und jeder Frau vereinen wollte, mit einem jeden von uns, um uns sein Leben und seine Freude mitzuteilen.

QUELLENNACHWEIS

Die Texte von Papst Franziskus: © Libreria Editrice Vaticana.
Alle Texte finden sich auch in der offiziellen deutschen Übersetzung auf der Vatikanhomepage www.vatican.va.

IMPULS ZU BEGINN: Angelus, 1.1.16 **27. NOVEMBER:** Angelus, 1.12.13 **28. NOVEMBER:** Angelus, 1.12.13 **29. NOVEMBER:** Predigt bei einem Pfarreibesuch, 1.12.13 **30. NOVEMBER:** Angelus, 8.12.13 **1. DEZEMBER:** Angelus, 7.12.14 **2. DEZEMBER:** Angelus, 7.12.14 **3. DEZEMBER:** Angelus, 21.12.14 **4. DEZEMBER:** Angelus, 21.12.14 **5. DEZEMBER:** Angelus, 6.12.15 **6. DEZEMBER:** Angelus, 13.12.15 **7. DEZEMBER:** Angelus, 20.12.15 **8. DEZEMBER:** Angelus, 4.12.16 **9. DEZEMBER:** Angelus, 27.11.16 **10. DEZEMBER:** Predigt in der Christmette 2016 **11. DEZEMBER:** Angelus, 15.12.13 **12. DEZEMBER:** Angelus, 15.12.13 **13. DEZEMBER:** Angelus, 15.12.13 **14. DEZEMBER:** Angelus, 22.12.13 **15. DEZEMBER:** Predigt in einem Obdachlosenheim, 18.12.15 **16. DEZEMBER:** Predigt in der Christmette 2014 **17. DEZEMBER:** Predigt in der Christmette 2015 **18. DEZEMBER:** Predigt, 6.1.15 **19. DEZEMBER:** Generalaudienz, 30.12.15 **20. DEZEMBER:** Generalaudienz, 30.12.15 **21. DEZEMBER:** Angelus, 18.12.16 **22. DEZEMBER:** Predigt in der Christmette 2013 **23. DEZEMBER:** Generalaudienz, 17.12.14 **24. DEZEMBER:** Predigt in der Christmette 2015 **25. DEZEMBER:** Predigt in der Christmette 2016 **26. DEZEMBER:** Angelus, 21.12.14 **27. DEZEMBER:** Predigt, 6.1.15 **28. DEZEMBER:** Angelus, 29.12.13 **29. DEZEMBER:** Weihnachtsbotschaft, 25.12.14 **30. DEZEMBER:** Predigt in der Christmette 2014 **31. DEZEMBER:** Predigt in der Christmette 2014 **1. JANUAR:** Predigt in der Christmette 2014 **2. JANUAR:** Predigt in Betlehem/Palästina, 25.5.14 **3. JANUAR:** Predigt in Betlehem/Palästina, 25.5.14 **4. JANUAR:** Angelus, 5.1.14 **5. JANUAR:** Predigt, 6.1.14 **6. JANUAR:** Angelus, 6.1.14 **7. JANUAR:** Angelus, 12.1.14 **8. JANUAR:** Angelus, 6.1.16 **9. JANUAR:** Predigt in der Christmette 2013 **10. JANUAR:** Angelus, 6.1.17 **11. JANUAR:** Predigt in der Christmette 2013 **12. JANUAR:** Predigt in der Christmette 2016 **13. JANUAR:** Angelus, 5.1.14

BILDNACHWEIS

EINLEITUNG: © Milosz_G/shutterstock.com **WORT DES HERAUSGEBERS:** © yipengge/istock.com, © Mallmo/shutterstock.com **IMPULS ZU BEGINN:** © neneo/shutterstock.com, © DeZet/shutterstock.com **27. NOVEMBER:** © r.classen/shutterstock.com **28. NOVEMBER:** © Jay Yuan/shutterstock.com **29. NOVEMBER:** © Stefan Weigand **30. NOVEMBER:** © AleksandarNakic/istock.com **1. DEZEMBER:** © robertiez/istock.com **2. DEZEMBER:** © millionsjoker/istock.com **3. DEZEMBER:** © antifalten/photocase.com **4. DEZEMBER:** © sedmak/istock.com **5. DEZEMBER:** © Francesca Schellhaas/photocase.com **6. DEZEMBER:** © s_karau/photocase.com **7. DEZEMBER:** © Stefan Weigand **8. DEZEMBER:** © kemai/photocase.com **9. DEZEMBER:** © Viktor Descendo/photocase.com **10. DEZEMBER:** © margie/photocase.com **11. DEZEMBER:** © aprilante/shutterstock.com **12. DEZEMBER:** © Milosz_G/shutterstock.com **13. DEZEMBER:** © Maryna Pleshkun/shutterstock.com **14. DEZEMBER:** © yul38885/shutterstock.com **15. DEZEMBER:** © altanaka/photocase.com **16. DEZEMBER:** © Stefan Weigand **17. DEZEMBER:** © David-W-/photocase.com **18. DEZEMBER:** © Tetyana Afanasyeva/shutterstock.com **19. DEZEMBER:** © Lopolo/shutterstock.com **20. DEZEMBER:** © Diego Barbieri/shutterstock.com **21. DEZEMBER:** © zettberlin/photocase.com **22. DEZEMBER:** © aabeele/shutterstock.com **23. DEZEMBER:** © PolaRocket/photocase.com **24. DEZEMBER:** © SKatzenberger/istock.com **25. DEZEMBER:** © Sillycoke/istock.com **26. DEZEMBER:** © Alexander Hoffmann/shutterstock.com **27. DEZEMBER:** © Bohemian soul/shutterstock.com **28. DEZEMBER:** © BrendaVeldtman/istock.com **29. DEZEMBER:** © STILLFX/shutterstock.com **30. DEZEMBER:** © RiniSlok/istock.com **31. DEZEMBER:** © InkaOne/istock.com **1. JANUAR:** © LarryHerfindal/istock.com **2. JANUAR:** © PixieMe/shutterstock.com **3. JANUAR:** © marshi/photocase.com **4. JANUAR:** © Nadya Lukic/istock.com **5. JANUAR:** © elina/shutterstock.com **6. JANUAR:** © Eakachai Leesin/shutterstock.com **7. JANUAR:** © Roman Sakhno/shutterstock.com **8. JANUAR:** © Denis Belitsky/shutterstock.com **9. JANUAR:** © stockfotoart/istock.com **10. JANUAR:** © CURAphotography/shutterstock.com **11. JANUAR:** © MIMOHE/istock.com **12. JANUAR:** © spkphotostock/shutterstock.com **13. JANUAR:** © Image Source/istock.com

STEFAN VON KEMPIS ist Redakteur in der deutschsprachigen Abteilung von Radio Vatikan.

Die Texte von Papst Franziskus: © Libreria Editrice Vaticana

Ein CAMINO-Buch aus dem
© Verlag Katholisches Bibelwerk GmbH, Stuttgart 2017
Alle Rechte vorbehalten

Gesamtgestaltung: wunderlichundweigand
Umschlagmotiv (Collage): © 2017, KNA. Alle Rechte vorbehalten
Herstellung: Finidr s. r. o., Český Těšín
Printed in the Czech Republic

ISBN 978-3-96157-019-5